に秘められた声を聞き出したり、鼓動に耳をすませたり、透視や解剖で骨格や内臓を探ってみたり……。私たちは瞬時に様々なアプローチで文字をなぞり、なぞなぞに取り組む。

本来文字は「言葉を書く」ためのものであって「文字を書く」ためのものではない。しかしそもそも、私たちは言葉を書きながら同時に文字を書いている。丁寧に書いたり、大人っぽく書いてみたり、本人では無いような走り書きだったり、手書きに限らず、キーボードのブラインドタッチやスマートフォンのフリック入力、数ヶ月かけてPC上でブラッシュアップしていくロゴタイプ等々……、私たちは千差万別の過程と様相の中で言葉を紡いでいく。

言葉にはそれぞれ意味があり、言霊と呼ばれるものもあるが、同じように文字の様相にも意味が表出し、声や魂を放っている。言葉を読み解くよりも前に、その文字の姿かたちだけで伝わることもある。外国の看板や広告を見る際、その国

い場合などは、文字の形や色や連なりがヒントとなり得る。会話で言うところの、顔の表情や声色やジェスチャーがそれに相当するだろう。もちろんその逆に、姿かたちに囚われてますます理解が遠のく場合もある。

なぞなぞは難しすぎてもいけない。玄人受けすぎてもいけない。多くの文章においては、文字も文字組も可読性が高いものが求められる。形象や装飾に囚われ過ぎて読み手を混乱させたり、言葉本来の持ち味をデザインが台無しにしてしまう可能性も作り手は肝に銘じなければいけない。それを踏まえた上でなお、なぞなぞを愉しみたいものだ。街や電車の中、本や雑誌やネット上など、あるスピードや空間の中でふと目に止まり、そのまま目が離せない文字に遭遇することがある。作り手の手遊びと、読み手の目遊びが交差する時間だ。

本書『実用手描文字』にぎっしりと詰め込まれた文字たちは、その交差点に位置する。原書は大正15年刊行。週刊誌や婦人雑誌などのメディアが大衆化し、アールヌーヴォーやアーツ・アンド・クラフツ運動などの西洋の美術

様式と、日本画や浮世絵をルーツとする線・形態・色彩や画面構成が結ばれ、橋口五葉や杉浦非水に代表される広告図案や図案文字など、日本のグラフィックデザインの源流ともされる大正モダニズムが極まった時期だ。

本書に溢れる文字をなぞり、読み解きながら言葉に触れていくと、当時の商業美術の興隆や作り手の喜びと同時に、それを愉しむ読み手の度量や、社会の受け皿の闊達さに思いを馳せることができる。

文字を読み解きながらその呼吸に息を合わせる行為は、その時代や人々の息づかいを身体に通わせる会話でもある。声、呼吸、間合いなどの息づかいは、人にも文字にも時代にも存在している。息が合う、息を殺す、息が通う、息を呑む、息を抜く……。「息」が含まれる慣用句は、ものづくりのはじまりから終わりまでの、あらゆる過程と繋がるように感じる。息をすることと、生きること。文字を通して思いや声をなぞり、時になぞなぞに興じながら、空間や時間を超えて会話をする。そうして文字は息吹き、生きていく。

グラフィックデザイナー　大原大次郎

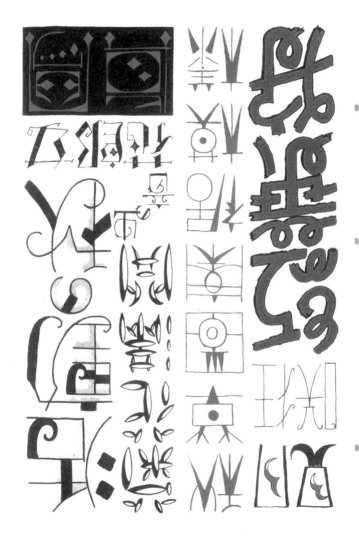

お正月が近づきました

松竹梅観劇

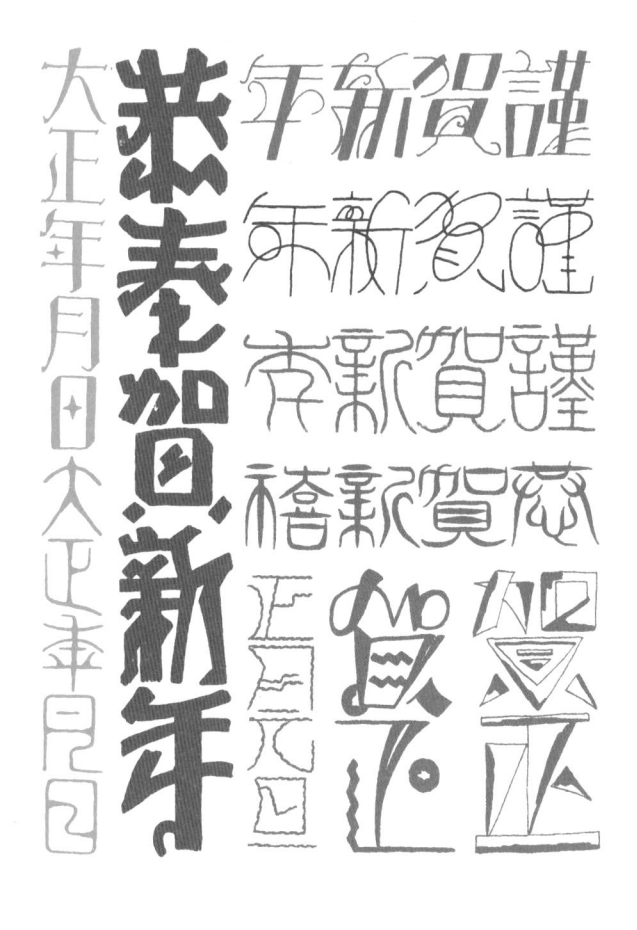

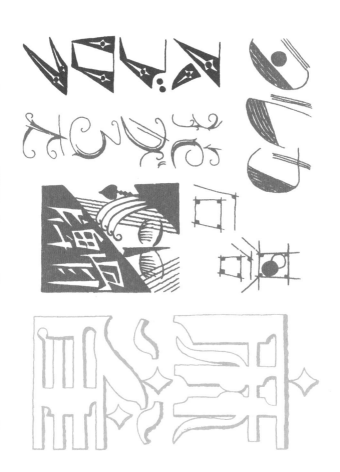

実用手拭文字

創作舞蹈公演

管絃合奏

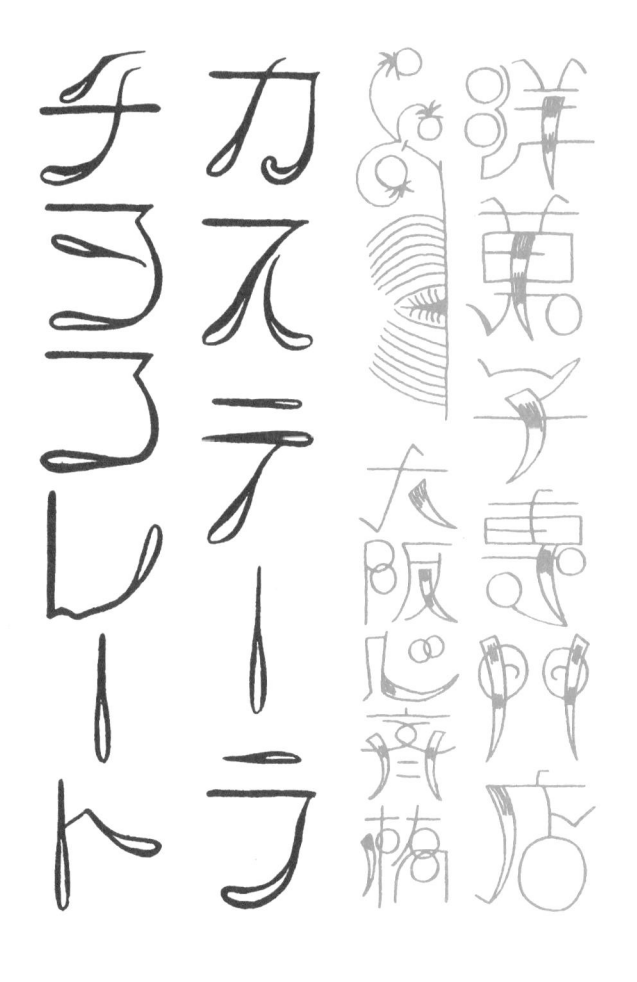

カステーラ

チョコレート

洋菓子専門店

大阪心斎橋

松坂屋の大賣出し

春吳服新柄大會

談く優よく上品よ

花見のお化粧は

若くほんのりと

色白く見せる

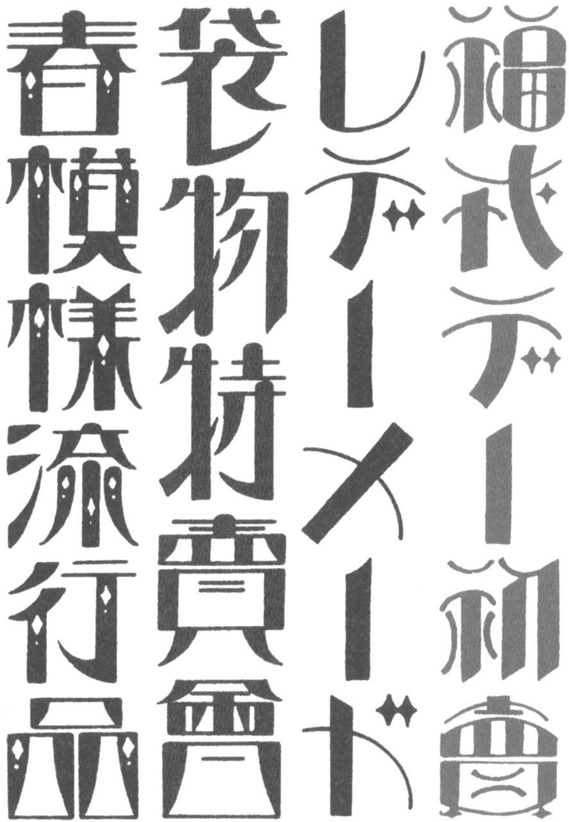
レディーメード
袋物特賣
春模様流行品

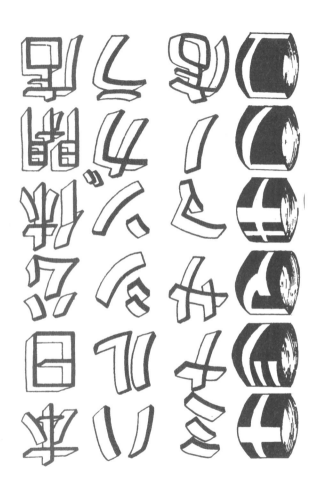

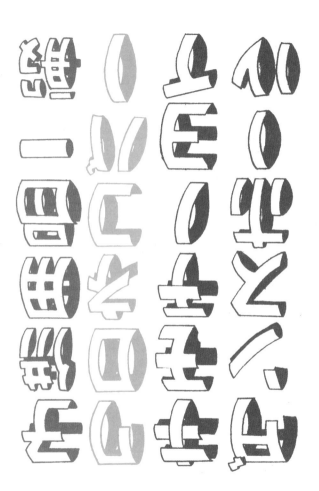

ポスター展覧會

ウインド装飾

陳列窓背景

博覧會と装飾

懐しき南島乃朝

久遠礼理想へ我求めて

西比利亞の一夜

双頭鷲旗の下に

彩光艷麗纖細
圓滿解決情趣
興味深長研究
品質本位新味

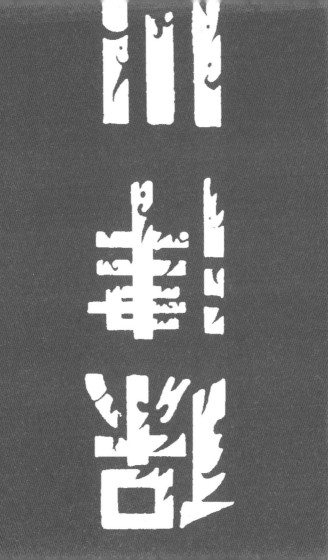

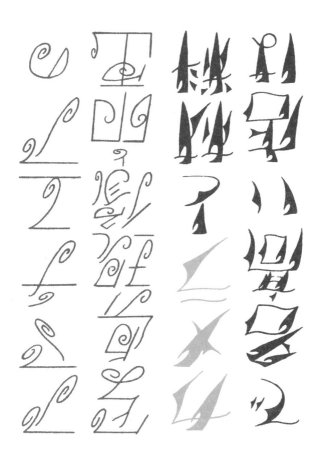

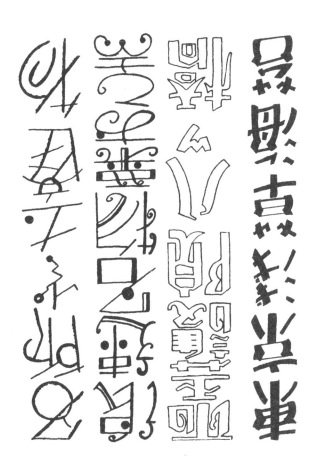

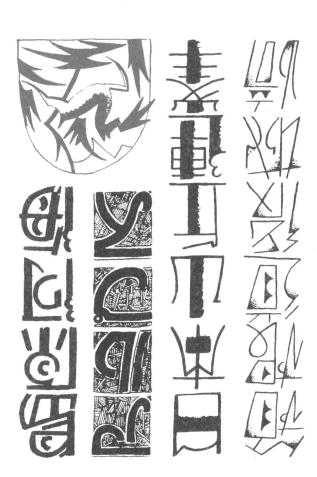

梅林　月ケ瀬　枚岡　枚方
櫻花　嵐山　吉野　比
楓葉　高雄　龍田　菊人形

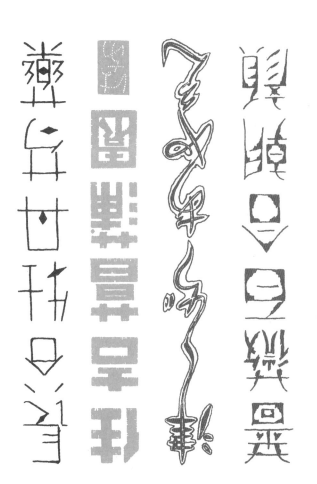

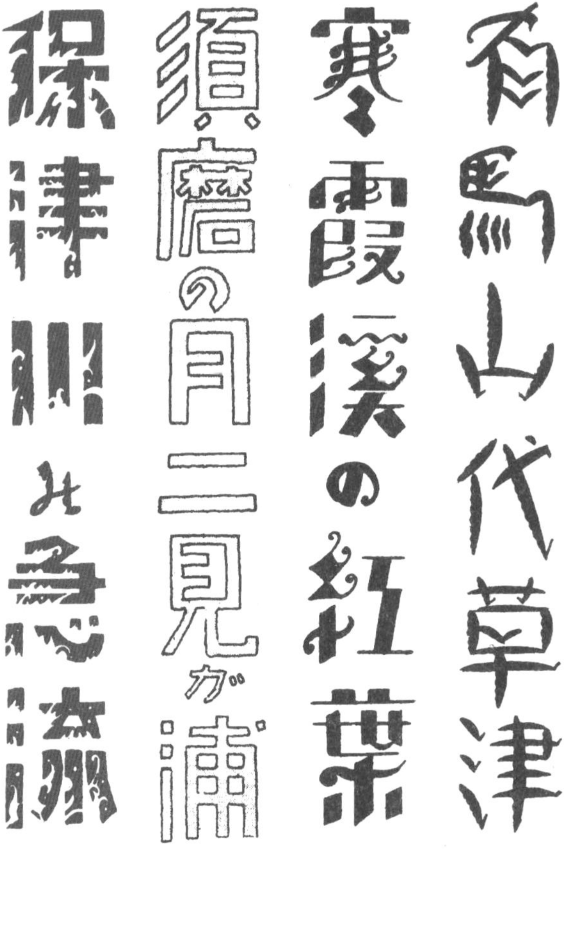
有馬山代草津
寒霞渓の紅葉
須磨の月二見が浦
保津川の急瀬

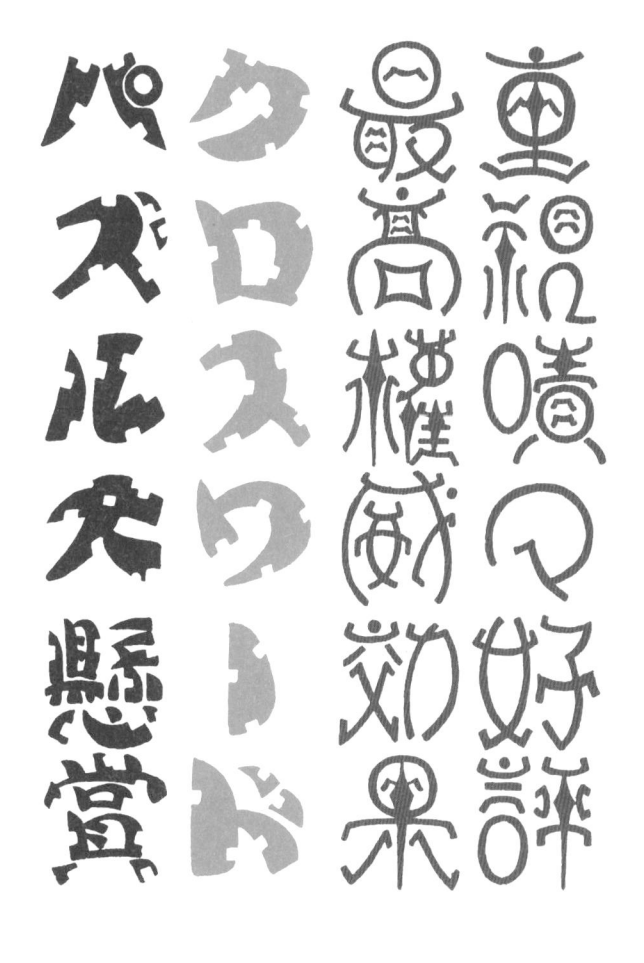

重視　最高　クロスワード

晴の好評　最高権威

効果　パズル犬懸賞

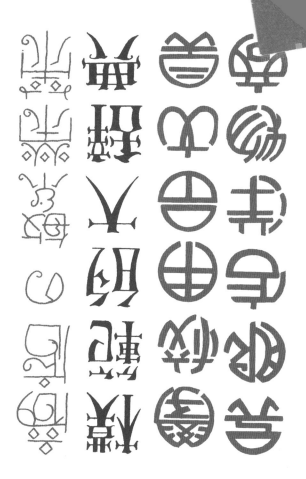

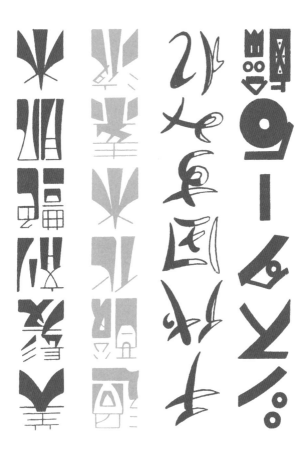

89

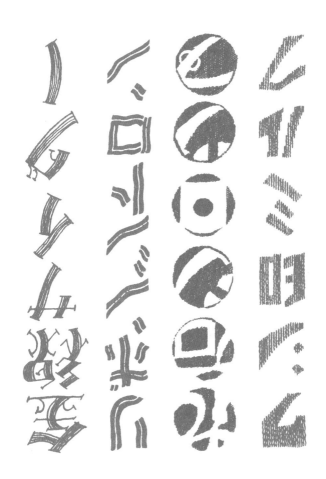

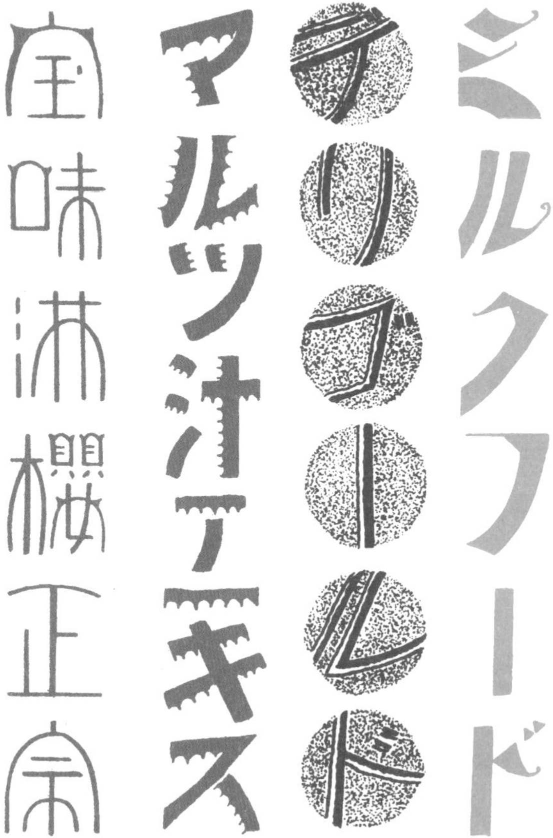
ミルクフード
マルツエキス
宝味淋
櫻正宗

实用手插文字

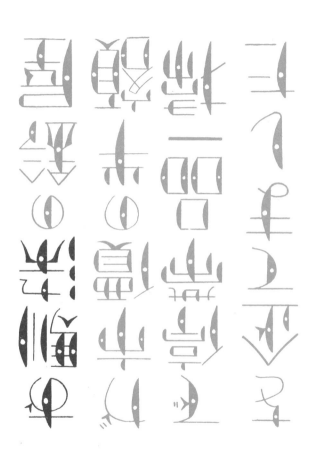

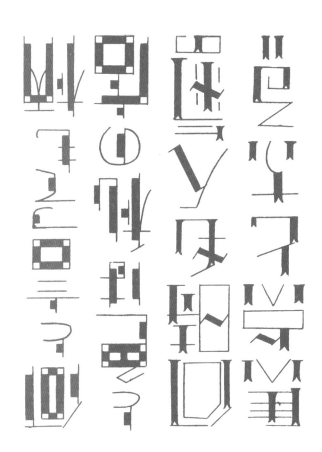

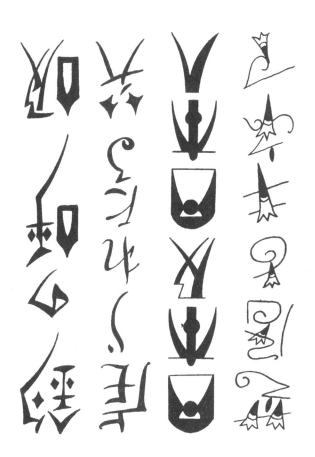

实用手册手写文字

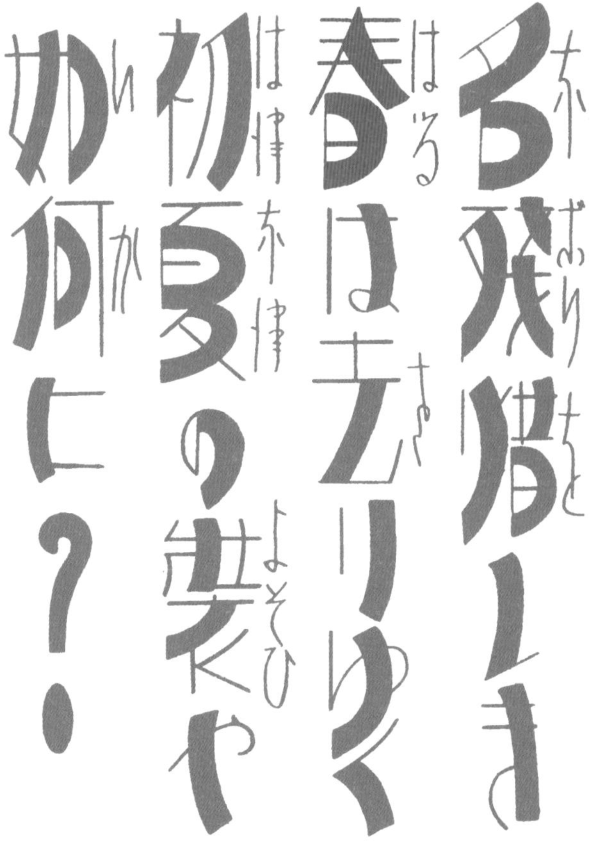
名残惜しま
春は去りゆく
初夏の装や
如何に？

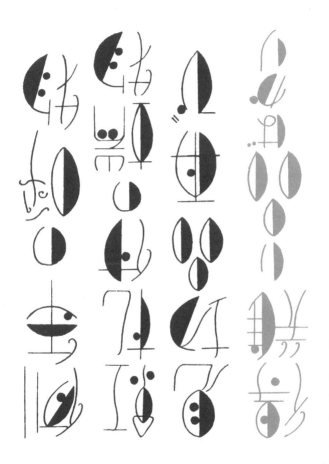

篆印字林手册

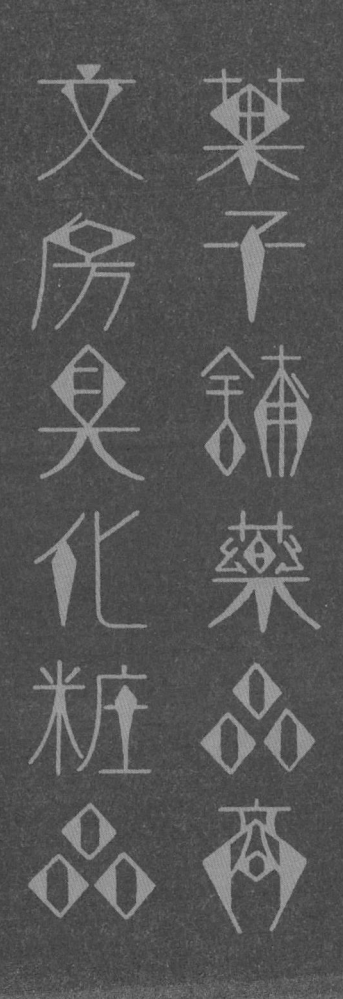

菓子舗
薬品
文房具
化粧品

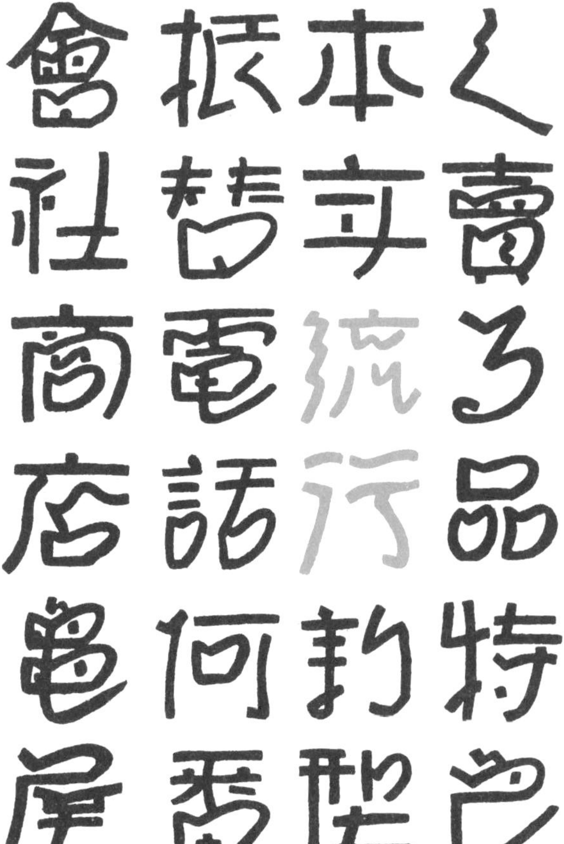

會 振 本 く
社 替 字 賣
商 電 統 る
店 話 行 品
亀 何 新 特
屋 番 型 色

实用手模文字

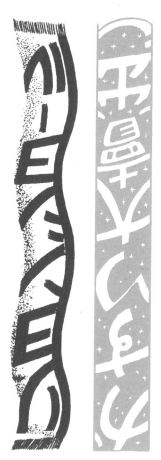

話　話　巻　巷

話　話　巻　巷

話　話　巻　巻

新　新　花　花

新　新　花　花

新　新　花　花

曲陣御召縮緬

地獄谷冒険王

妖星地に墜れば

乙女ごゝろ 全巻

春は来れり 大活劇

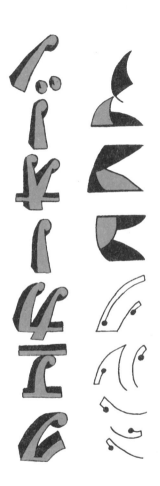

健胃固腸丸

小兒快息丸

電話口消毒液

化學用陶磁器

胃活淡田館　カルシュウム　イカイ冒散　毎同打清心丹

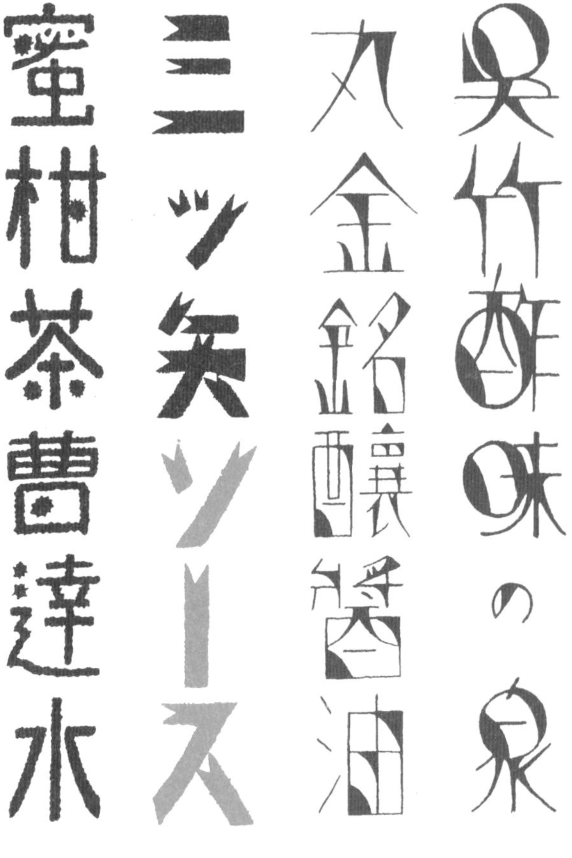
呉竹酢味の泉
丸金銘醸醤油
ミツ矢ソース
蜜柑茶曹達水

実用手相文字

牛肉宝菜煮 ハツジンカ
時雨遠田麩
ミンチビーフ
パイナツプル

古文字類編

紅バノ喫茶店

高台の家 黒ネコ

小鳥の巣 愛の家

レストラン

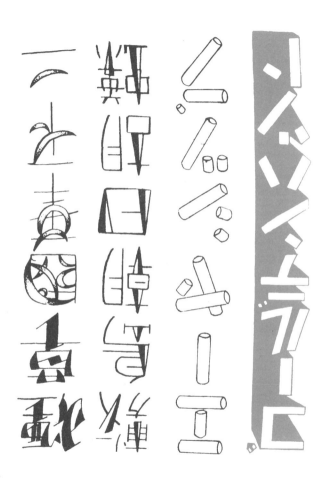

美术字体设计

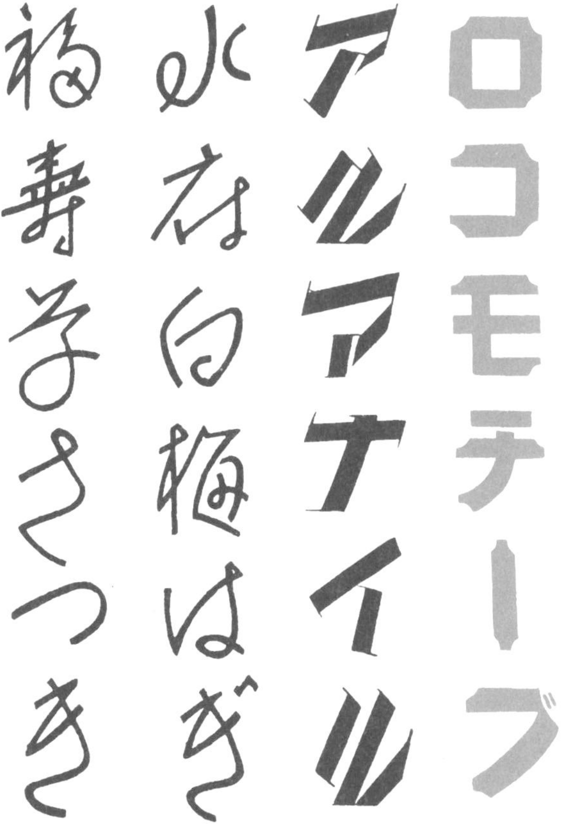
ロコモテーブ
アルアナイル

親切でとても
便利な洋品店

簡易生活よは
統一さへる商品を

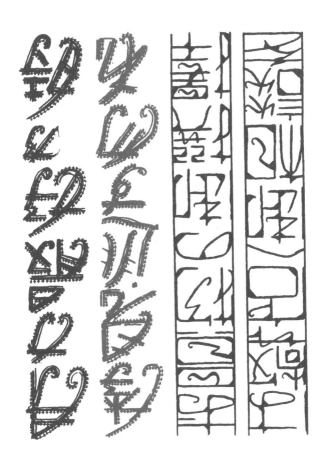

聖像に縋る人々

月下の沙漠に立ちて

日章旗は翻る

实用手册文字

タイルカップ

噢煙具煙草入

大中小皿井

实用美术字体

念々お待ち致しの

新春流行品が

揃びました お

批評を願びます

現代れ婦人地

奉る可く新志

御期待よ添ひ

く虫れた襦屋

实用手摺字库

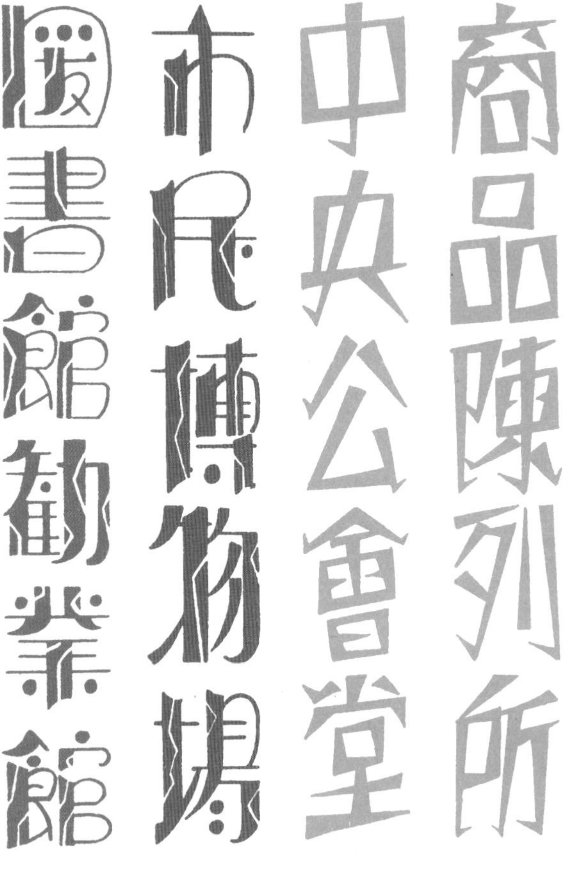
商品陳列所
中央公會堂
市民博物場
圖書館勸業館

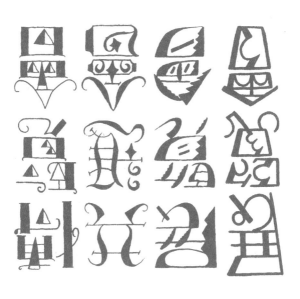

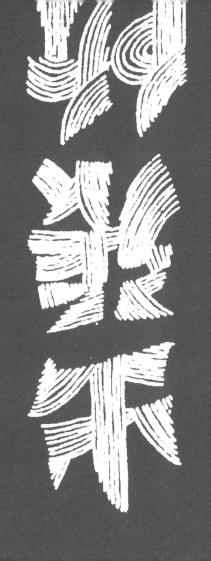

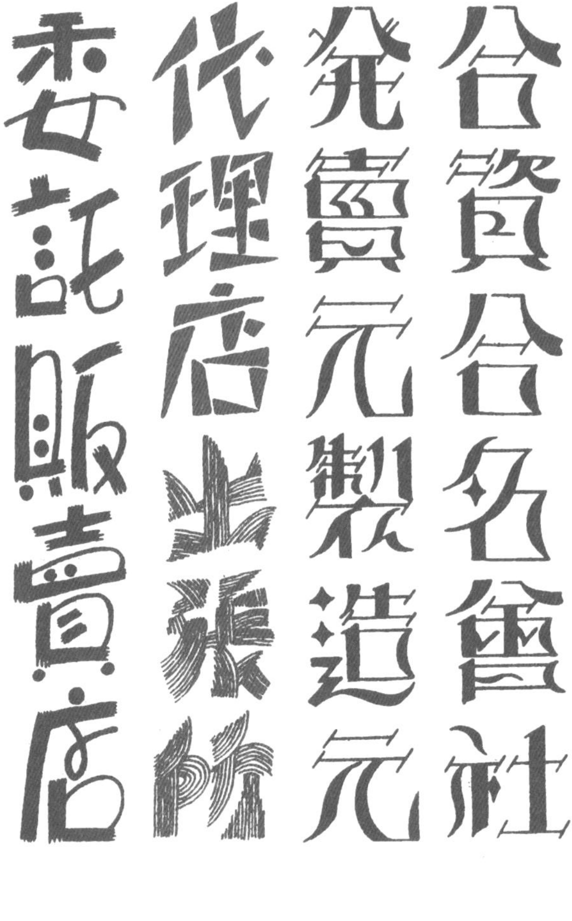

合資
合名
会社

発売
元
製
造
元

代理
店
出張
所

委託
販売
店

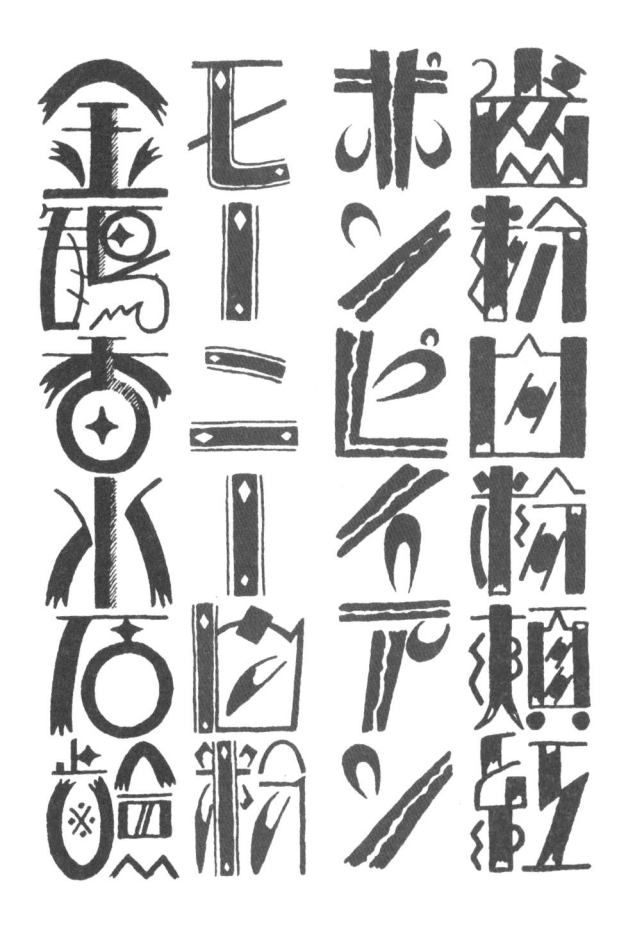

歯粉

白粉

粉頬紅粒

ボンピイアン

モーニー二

白粉

金鶴香水石鹸

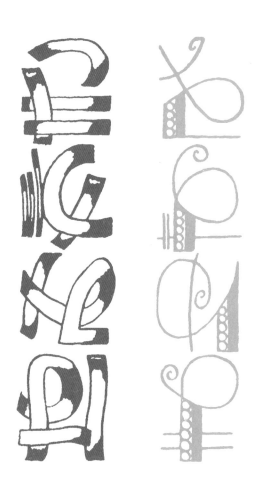

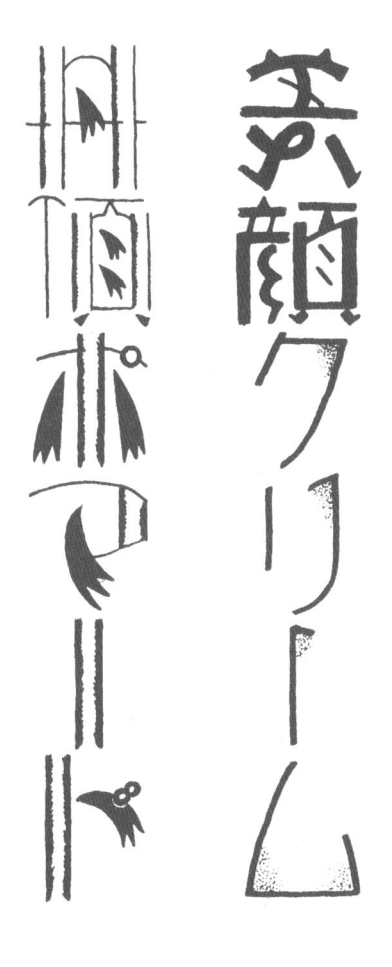

笑顔クリーム

掲頂ポマード

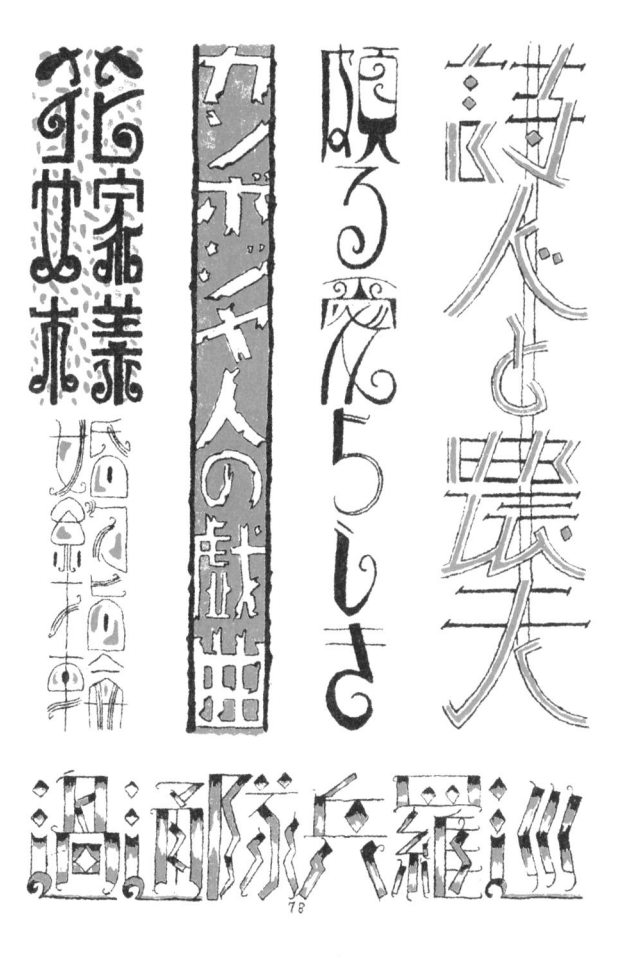

柳蔭乃小堂梅窗

御休甜於楼亭

青葉秋月醉夢

風雨銀矢紫雲

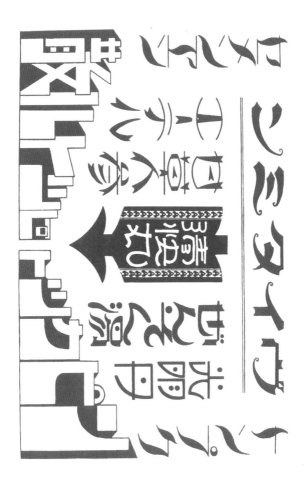

実用手描き文字

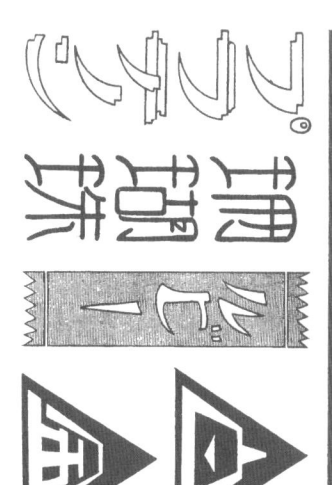

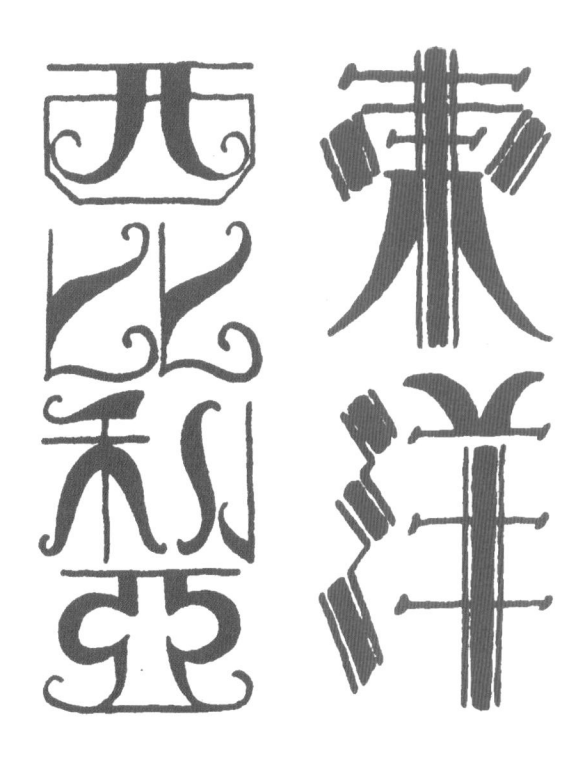

東京都

大阪府

静岡県

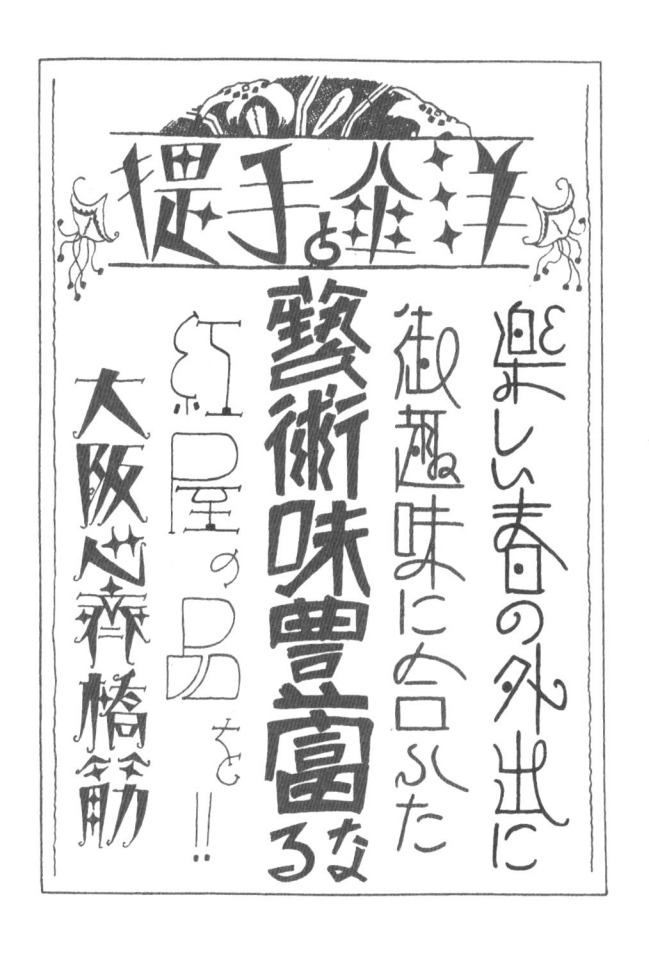

提手ちゃん金洋

楽しい春の外出に
御趣味に合ふた
藝術味豊富な
紅屋の品を！！
大阪心斎橋筋

实用手工美术字

理料洋和

は通夜の都のと

堂食堀頂道

和岸料理

山海の珍味

美味滋養

火快涼氣

ティルーム

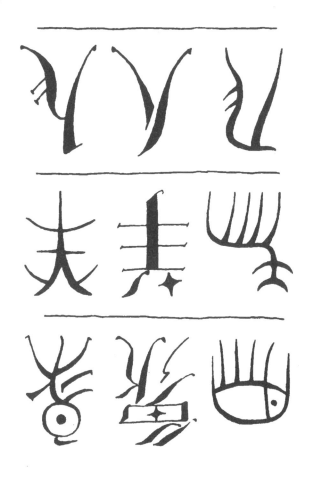

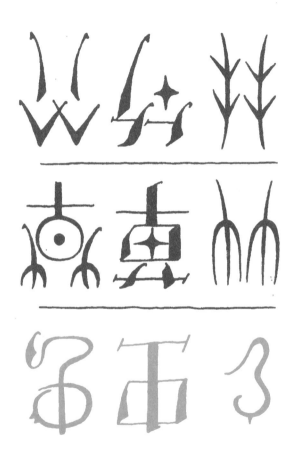

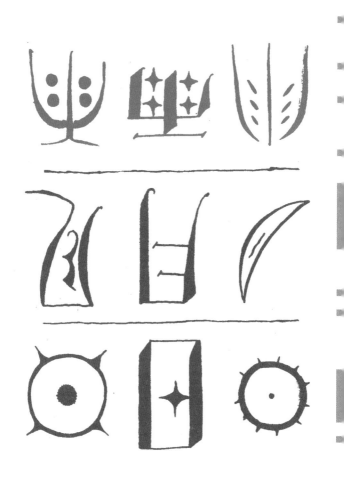

193

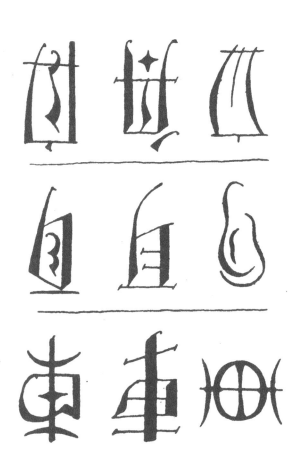

夏期好飯料

サンメード

各種罐詰

ウイスキー

夢酒

原品付太賣出

食器類

キャンデストア

奉祝天長節

祝天長御誕辰君萬歳

奉祝紀元節

萬歳孝皇靈祭

神新省祭

四方拜

地久人範

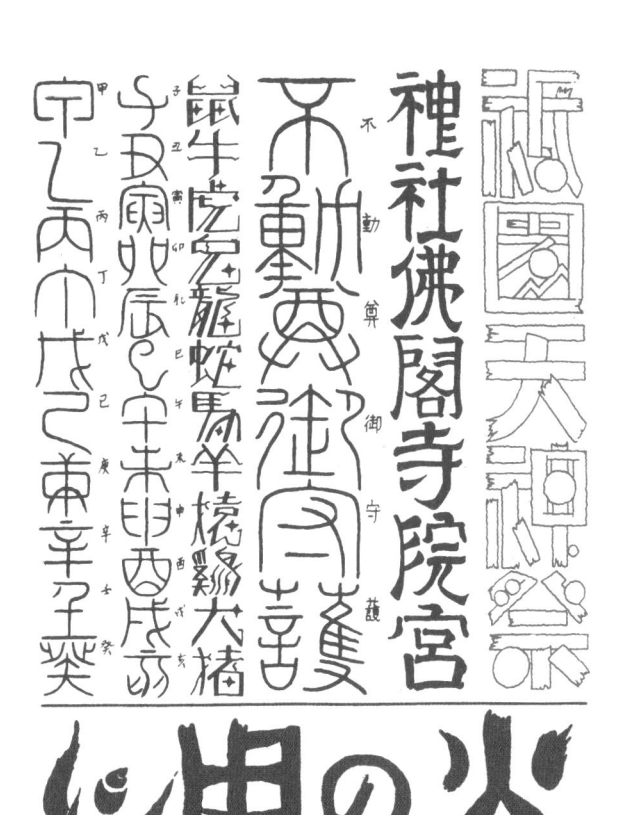

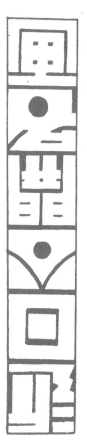

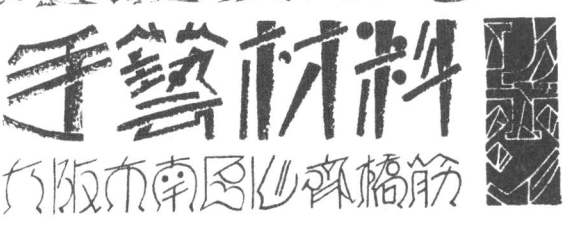

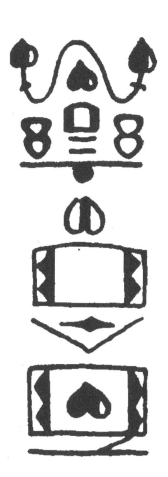

实用手册文字

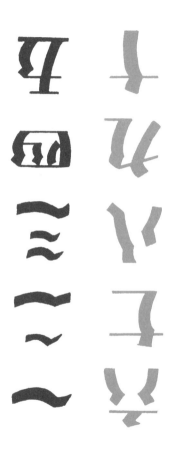

实用毛笔文字

壹 貳 參 四 五

六 七 八 九 拾

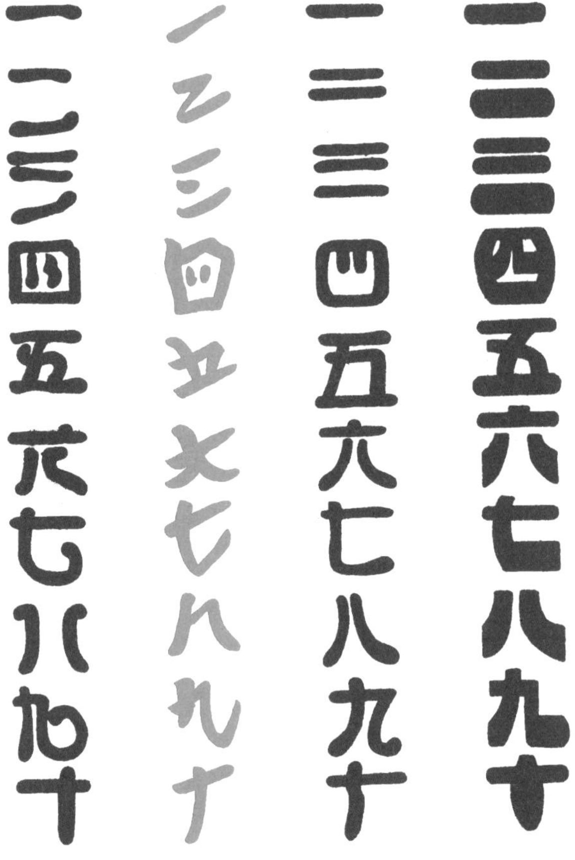

一二三四五六七八九十

一二三四五六七八九十

一二三四五六七八九十

一二三四五六七八九十

一二三四五六七八九十

一二三四五六七八九十

一二三四五六七八九十

一二三四五六七八九十

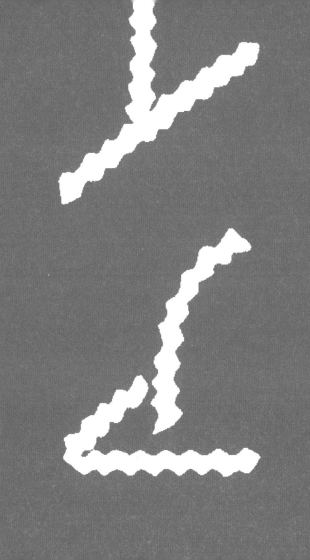

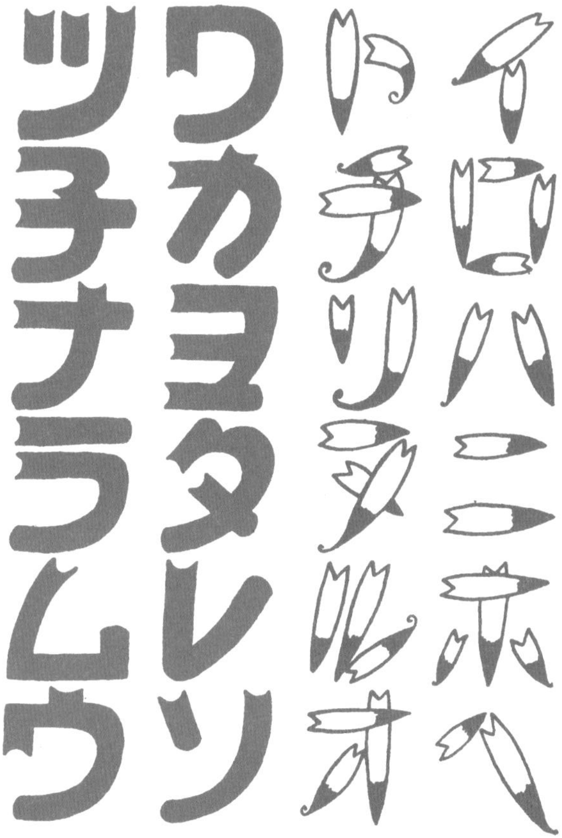

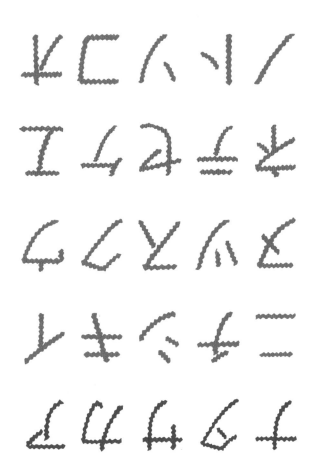

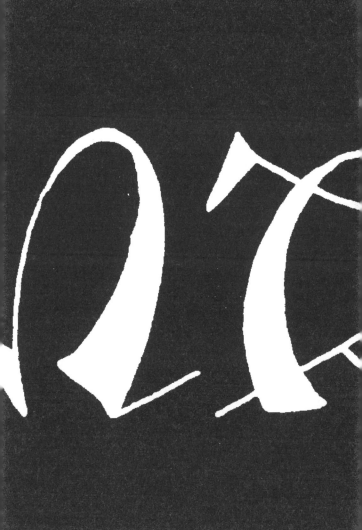

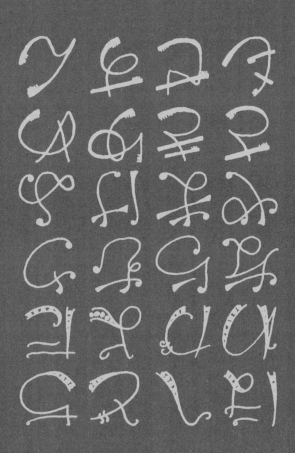

实用手搐文字

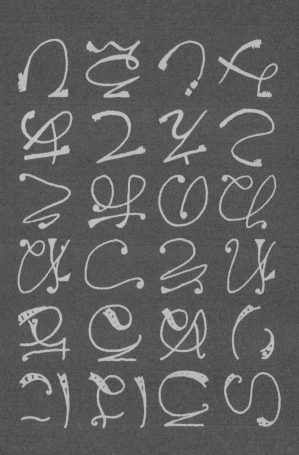

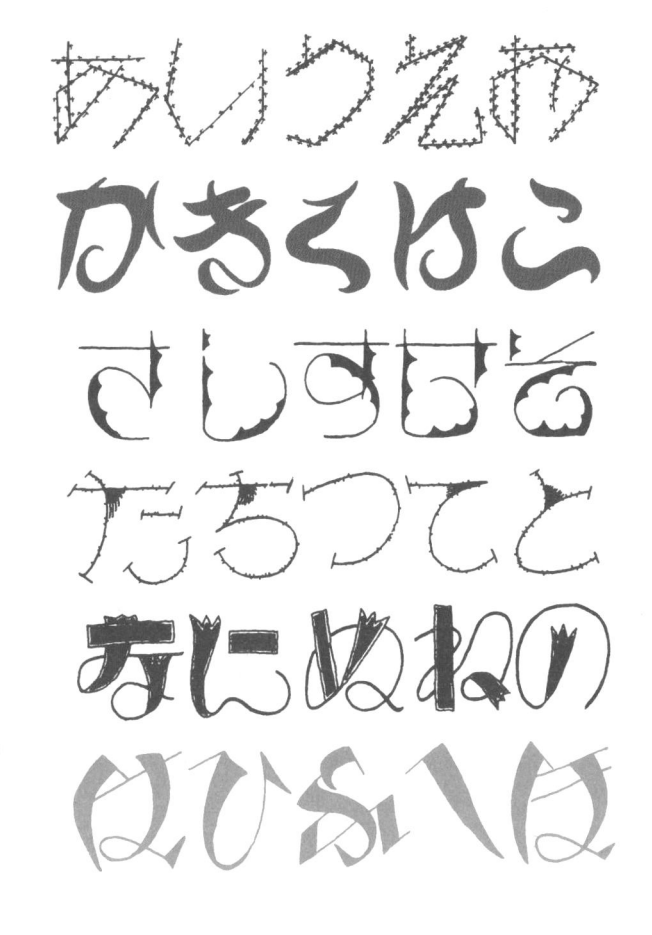

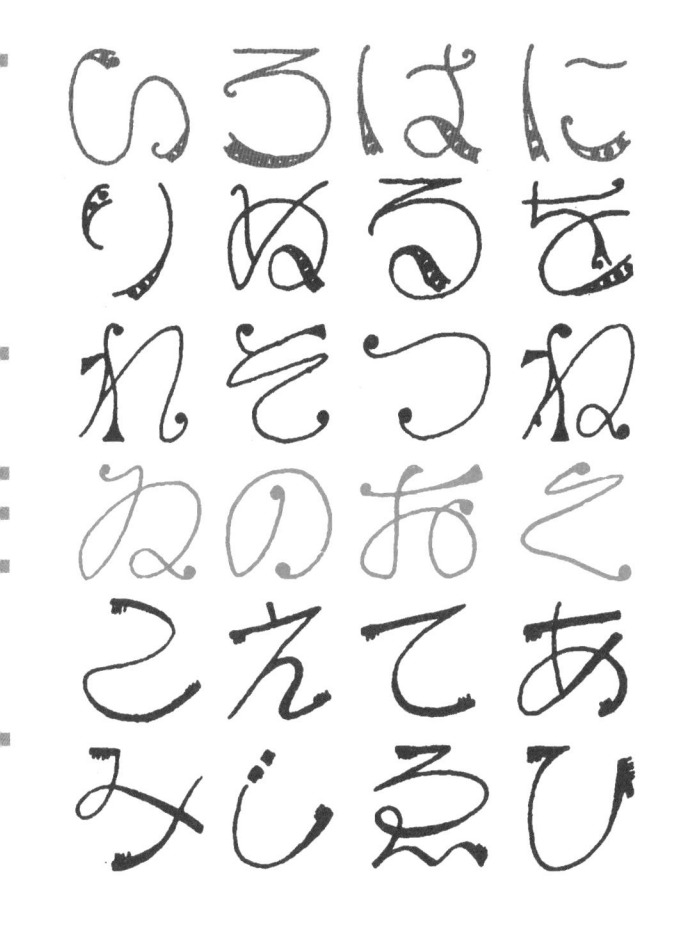

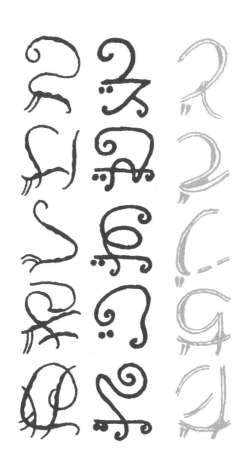

ABCDEFG
HIJKLMN
OPQRSTU
VWXYZ&
123456789
1234567890

ABCDE
FGHIJ
KLMNO
PQRST
UVWXY
YZ
1234567890

ABCD
EFGHIJ
KLMNOP
QRSTUV
WXYZ
1234567890
1234567890

ABCDEFG
HIJKLMN
OPQRSTU
VWXYZ

ABCDEFGHIJKLMN
OPQRSTUVWXYZ
abcdefghijklmno
pqrsturwxyz

ABCDEF
GHIJKL
MNOPQR
STUVWX
YZ

abcdefghijklm
nopqrstuvwxyz

A B C

D E F G H I J K L

M N O P Q R S T U

V W X Y Z

a b c d e f g h i j k

l m n o p q r s t u

v w x y z

1 2 3 4 5 6 7 8 9 0

ABCDEFG

HIJKLMN

OPQRSTU

UVWXYZ

1234567890

1234567890

The End

本書は、『美用図案文字と図版』（大正15年 文系書院刊）の
美用図案文字を抜粋して復刻したものです。可能な限り、種
材料の誤植を信るように努めましたが、もとの不備な点など、判明
した部分には速やかに対応放送しますそこと一読ください。
平成29年7月14日に著作権法第67条の2第1項の裁定により申請
を行い、同項の適用を受けて作成されたものです。

無断転写、転載、複製は禁じます。

ISBN978-4-861526-636-7 C0071
Printed in JAPAN
©2017 Seigensha Art Publishing, Inc.

印刷・製本　株式会社ムーブ

http://www.seigensha.com
TEL.075-252-6766　FAX.075-252-6770
京都市中京区梅忠町9-1 〒604-8136
発行所　株式会社 青幻舎

発行者　秀田英善

編集者　師岡正広

発行日　2017年9月1日

美用図案文字

［美用図案文字と図版］新装改訂復刻版

怖い浮世絵

296頁／1,500円＋税

NEW

日野原健司・渡邊晃著　四谷怪談のお岩さんをはじめとする恨めしい幽霊たち、
鬼・海坊主などの化け物、戦国や幕末など混乱の時代を舞台にした凄惨な血み
どろ絵まで。芳年や国芳、北斎など有名絵師たちの名品約100選収録。

江戸の悪　―浮世絵に描かれた悪人たち

296頁／1,500円＋税

NEW

渡邊晃著　鼠小僧、石川五右衛門ら盗賊、忠臣蔵の吉良上野介はじめ悪評高い
歴史上の人物など、名悪人・名悪女大集合！「悪人」を描いた迫力の浮世絵を、悪
人度＋解説ともに約100点紹介。　対談／串田和美×五味太郎×渡邊晃

いろは判じ絵　―江戸のエスプリ・なぞなぞ絵解き

324頁／1,500円＋税

岩崎均史著　江戸時代、広く庶民に流行した「絵で見るなぞなぞ」判じ絵。浮世
絵師が趣向を凝らしたさまざまな図柄の組み合わせから生まれた「江戸の脳
トレ」珍問・難問を、いろは順に分類して紹介。　対談／山口晃×岩崎均史

北斎漫画 第1巻 江戸百態 / 第2巻 森羅万象 / 第3巻 奇想天外

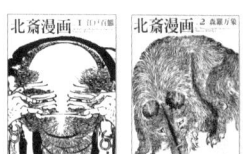

江戸末期に生まれた伝説的ベストセラー『北斎漫画』。
本書はテーマ別に編集したリメイク版。
膨大な主題、モチーフ、描法に取り組んだ画狂人・北斎の
集大成ともいうべき、全15巻、総970頁、約4000カットを完
全収録。現代におけるクールジャパンの代名詞。
MANGAの原点がここに!

解説:永田生慈　AD:祖父江慎
インタビュー:1巻 会田誠、2巻 しりあがり寿、3巻 横尾忠則

各352頁／1,500円＋税

妖怪萬画 第1巻 妖怪たちの競演編 / 第2巻 絵師たちの競演編

風刺のきいた戯画的表現で大衆から圧倒的な支持を得た江戸のサブ
カルチャー。日本美術史の最後の砦、妖怪画のなぞを解く。1巻は平安
〜明治初期までの絵巻物から妖怪画の系譜をたどり、2巻は葛飾北斎、
歌川国芳、河鍋暁斎ら人気絵師別に収録する。
AD:祖父江慎　序文:1巻 辻惟雄　2巻 椹木野衣

①288頁②256頁／1,500円＋税

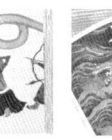

新版 日本の文様—刺繍図案に見る古典装飾のすべて ① / ②

紅会著　わが国の伝統の手仕事として優雅に育まれてきた繍の技。その図案の数々はまさに装飾文化の粋。ロングセラーのデザインソースブック。
①収録文様：花丸、花、器物、風景、御所解、誰が袖、扇、蝶、鶴ほか約400点。
②収録文様：桜、椿、藤、牡丹、菊、秋草、紅葉、松、竹、梅、野草ほか約350点。

① 256頁／1,200円＋税　②272頁／1,200円＋税

日本の古典装飾
—天平から江戸の時代様式にみる　　288頁／1,200円＋税

河邊正夫著・城一夫解説　東大寺の大仏に象徴される蓮華文、仏教にまつわるモチーフが渡来した飛鳥・奈良時代。五行説の文様が正倉院を彩った天平時代など、古代から近世までを五つの時代に分けて通観できる一冊。

日本の家紋
320頁／1,200円＋税

平安時代以降、家の由来や家系を表すものとして、代々伝えられてきた家紋。ミニマルにしてシンボリックな意匠は、すべての文様の原点でもあります。本書は、全4560種をモチーフ別に収録。その豊かなバリエーションをお楽しみください。

桜さくら
264頁／1,200円＋税

並木誠士解説　日本人がこよなく愛する桜の花を名画にたどり、意匠の中に見出した、美しい桜づくしの本。「源氏物語画帖」を彩った気品。「醍醐花見図」の絢爛。浮世絵の中で吉原の花魁道中と妍を競うあでやかさ。

乙女のふろく—明治・大正・昭和の少女雑誌

320頁／1,500円＋税

村崎修三著　ファンシーグッズの先駆けともいうべき「少女雑誌の付録」。名作小説や物語の豆本、スタイルブック、絵はがき・レターセット、双六、お人形帖又は手芸帖など、著名な挿絵画家の手によって制作された珠玉の付録たちを作家別に約300点をビジュアルで一挙紹介。

日本のおもちゃ絵
—絵師・川崎巨泉の玩具帖

336頁／1,500円＋税

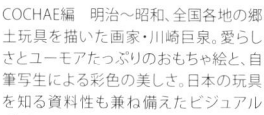

COCHAE編　明治～昭和、全国各地の郷土玩具を描いた画家・川崎巨泉。愛らしさとユーモアたっぷりのおもちゃ絵と、自筆写生による彩色の美しさ。日本の玩具を知る資料性も兼ね備えたビジュアルブック。

花結び手帖
—366日の花個紋

416頁／1,500円＋税

寺本哲子著　花個紋とは、伝統的な家紋の意匠に習い、四季折々の花をモチーフに生み出された花暦。花が開くは運気が開く。366日のバースデイシンボルは毎日を祝福します。誕生日、記念日を書きとめて、あなただけの1冊に。

ニッポンの伝承デザイン
—イラストカットに見る図像のかたち

384頁／1,200円＋税

様々な人物像が収録された画期的なデザイン事典。戦国武将関連だけで483点、髷110点、楽器だけでも66点など、総数2200点にも及び、時代や文化の背景が一目瞭然。文化史、博物史の観点からも貴重な一冊です。
序文／浅生ハルミン

昭和ちびっこ怪奇画報 ―ぼくらの知らない世界1960s―70s

272頁／1,200円＋税

70年代オカルトカルチャーを凝縮！
「昭和ちびっこ」シリーズ最新刊

初見健一著　当時の子どもたちを熱狂させた「オカルト」ブーム。宇宙人、心霊、ネッシー、ミイラ、死後の世界…。1960〜70年代の児童向け書籍に掲載された「怪奇画」を多数収録。

昭和ちびっこ未来画報 ―ぼくらの21世紀

272頁／1,200円＋税

初見健一著　1950〜70年代の児童向け雑誌、書籍に掲載された未来予想図。空想科学イラストの巨匠・小松崎茂をはじめとした荒唐無稽な傑作を収録。当時のちびっこたちが夢見た、懐かしい21世紀像がここに。

昭和ちびっこ広告手帳
①―東京オリンピックからアポロまで
②―大阪万博からアイドル黄金期まで

各288頁／1,200円＋税

おおこしたかのぶ・ほうとうひろし著　懐かしの昭和40年代にタイムスリップ！「鉄腕アトム」「オバケのQ太郎」「あしたのジョー」「リカちゃん」…人気キャラクターからヒーロー、憧れのアイドルまで。児童向け雑誌に掲載された傑作広告300余点を収録。

〈新装改訂版〉
日本のファッション
明治・大正・昭和・平成
1868―2013

360頁／1,500円＋税

150年の変遷がひと目で分かる！流行色、年表も記載した画期的なファッション・クロニクル。ディテールまで再現したイラストは、当時の流行を手に取るように伝えます。服飾、色彩、時代研究など資料として必携。待望の増補改訂版
イラスト／渡辺直樹　解説／城一夫、渡辺明日香

世界図案百科 —大正・昭和の色彩ノート

376頁／1,200円＋税

古今等の文様、約3200点を集成した画期的な実用辞書。メソポタミヤから、近代に至るまでを網羅し動物、植物、人物に分類し、起源や変換をテーマごとに分類しました。活用至便。序文／井岡美保

配色事典 —大正・昭和の色彩ノート

352頁／1,500円＋税

近江源太郎解説　わが国初となる「日本標準色協会」を設立し、色彩研究に多大な功績を残した和田三造。本書は「配色総鑑」（昭和8〜9年刊）の新装復刻版。往時の息吹を今に伝える配色実例集。総348点、カラーチップ付。

新版 日本の伝統色 —その色名と色調

328頁／1,500円＋税

長崎盛輝著　色彩学の権威である著者が徹底検証し、季節感あふれる伝統色が目に見える「色」として蘇った画期的な名著。225色すべてに染料、古染法、色調や流行沿革などを収録。活用至便な全色カラーチップ付。超ロングセラー。

新版 かさねの色目 —平安の配彩美

320頁／1,500円＋税

長崎盛輝著　十二単など平安の装束に見られる衣色の配合260色余種をビジュアルで再現した名著。併せてトーン分類一覧表や参考文献なども多彩に収録。平安人の「季」に寄せる繊細な美的感覚と、その配合の妙を表す。巻末にはカラーチップを収録。

〈新装復刻版〉
現代図案文字大集成

336頁／1,500円＋税

辻克己編著 幻の名著、待望の新装復刻版！大正・昭和前期の手書き文字事典。有名企業の商品名やロゴ、商業図案、映画演劇など、現代のデジタル化とは程遠い時代のデザイナーの手仕事による俊作コレクション。
デザイン／大原大次郎

缶詰ラベルコレクション MADE IN JAPAN

352頁／1,500円＋税

公益社団法人日本缶詰協会 監修 明治10年から昭和期にかけて印刷された国内・輸出用の缶詰ラベル約550点を収載。いまなお新鮮な魅力に溢れる、往時の卓越した商業デザインの数々をフルカラーで紹介します。
寄稿／安西水丸

日本の商業デザイン
―大正・昭和のエポック

256頁／1,200円＋税

大衆文化が開花した大正～昭和初期は、人とモノを繋ぐデザインの原点が高揚感と初々しさを持ってかたちに表された時代。カフェ、百貨店のポスター、包装紙など…当時のレトロな雰囲気と色褪せない魅力を紹介。
序文／近代ナリコ

20世紀の商業デザイン
―アール・デコから現代まで

256頁／1,200円＋税

20世紀前半～中期に作成された色鮮やかな広告を幅広く収載。コンピューター導入以前、人の手によって生み出されたこれらのデザインは、現代に生きる私たちに新鮮さと豊かさを感じさせます。
序文／ナカムラユキ

文様別
小皿・手塩皿図鑑

佐賀県立九州陶磁文化会館
柴田夫妻コレクション

312頁／1,500円＋税

大橋康二監修・執筆　佐賀県立九州陶磁文化会館・柴田夫妻コレクションより、選りすぐりの小皿・手塩皿900余点を文様174種類88項目に分類して紹介する決定版。興味深いテキスト、作品データを完備。古伊万里の深い世界をご堪能ください。

文様別 そば猪口図鑑

312頁／1,500円＋税

大橋康二監修・執筆　そば猪口を飾る千差万別の文様、深い藍色の染付と端麗な色絵は魅力に溢れています。本書は、植物、山水、動物、人物・故事、幾何学模様など1104点をオールカラーで収載。詳細な解説付き。

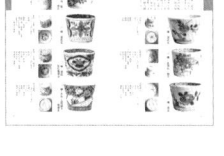

京の風流・永楽屋の町家てぬぐい

256頁／1,200円＋税

元和元年（1615）の創業以来、約400年続く京都の永楽屋・細辻伊兵衛商店の手拭いデザインを紹介。本書では昭和初期の手拭いを中心に、現代の柄もあわせて収録。遊び心にあふれた自由闊達なデザインをお楽しみください。